BRINCAR

e aprender

TINDOLELÊ

BRINCAR
e aprender

Ciranda Cultural

Dados Internacionais de Catalogação na Publicação (CIP) de acordo com ISBD

P364m   Pecand, Katia
          Brincar e aprender - 4 anos / Kátia Pecand ; ilustrado por Albert
        Llinares. - Jandira, SP : Ciranda Cultural, 2023.
          64 p. : il.; 20,10cm x 26,80cm. - (Tindolelê)

        ISBN: 978-65-261-0432-3

          1. Educação infantil. 2. Alfabetização. 3. Conhecimento. 4. Números.
        5. Coordenação motora. 6. Aprendizado. 7. Contagem. I. Llinares, Albert.
        II. Título.

                                                              CDD 372.2
                                                              CDU 372.4
        2022-0921

Elaborado por Lucio Feitosa - CRB-8/8803
Índice para catálogo sistemático:
1. Educação infantil 372.2
2. Educação infantil 372.4

© 2023 Ciranda Cultural Editora e Distribuidora Ltda.
Texto: Kátia Pecand
Ilustração: Albert Llinares
Revisão: Luciana Garcia e Maitê Ribeiro
Projeto gráfico e diagramação: Ana Dobón
Produção editorial: Ciranda Cultural

1ª Edição em 2023
2ª Impressão em 2024
www.cirandacultural.com.br

APRESENTAÇÃO

A matemática está presente no dia a dia da criança desde muito cedo.

Enquanto brinca e interage com os amigos e os brinquedos, a criança explora o mundo a sua volta, faz contagem, observa cores e formas, levanta hipóteses, estabelece relações de comparação, classificação entre objetos e figuras, utiliza conceitos básicos para se expressar (muito, pouco, em cima, embaixo, grande, pequeno), e dessa forma, desenvolve suas habilidades cognitivas.

Por isso, o livro *Brincar e aprender* foi elaborado em uma sequência de atividades que respeita o desenvolvimento da criança, incentiva a criatividade, o raciocínio lógico-matemático e permite que a criança se divirta enquanto aprende, tornando essa atividade mais prazerosa.

As atividades neste livro são acompanhadas de ilustrações coloridas e atrativas que despertam o interesse para a realização delas e contemplam os seguintes temas:

- exercícios de percepção visual;
- reconhecimento de cores;
- reconhecimento de formas geométricas;
- coordenação motora;
- noções de posição;
- noções de direção e sentido;
- noções de grandeza e medidas;
- relação entre números (0 a 10) e quantidades.

Aprender matemática será mais divertido com a coleção Tindolelê!

TINDOLELÊ... APRENDER E BRINCAR, É SÓ COMEÇAR!

DESENHO LIVRE

COMO É BOM BRINCAR, APRENDER E DESENHAR!

ESTE ESPAÇO É TODO SEU! ENTÃO, FAÇA UM DESENHO
BEM BONITO COM SUAS CORES PREFERIDAS.

NÚMEROS

A BRINCADEIRA VAI COMEÇAR!

PINTE AS CADEIRAS DA RODA-GIGANTE MARCADAS COM OS NÚMEROS DE 1 A 9. USE AS CORES DE QUE VOCÊ MAIS GOSTA.

COORDENAÇÃO MOTORA

BRINCAR É DIVERTIDO!

AS CRIANÇAS ESTÃO BRINCANDO DE FUTEBOL.
TRACE O PERCURSO DA BOLA ATÉ O GOL.

COORDENAÇÃO MOTORA

AVENTURA SOBRE RODAS!

COM UM LÁPIS, TRACE UMA LINHA NO CAMINHO QUE AS CRIANÇAS PERCORRERAM ATÉ ALCANÇAR SEU OBJETIVO.

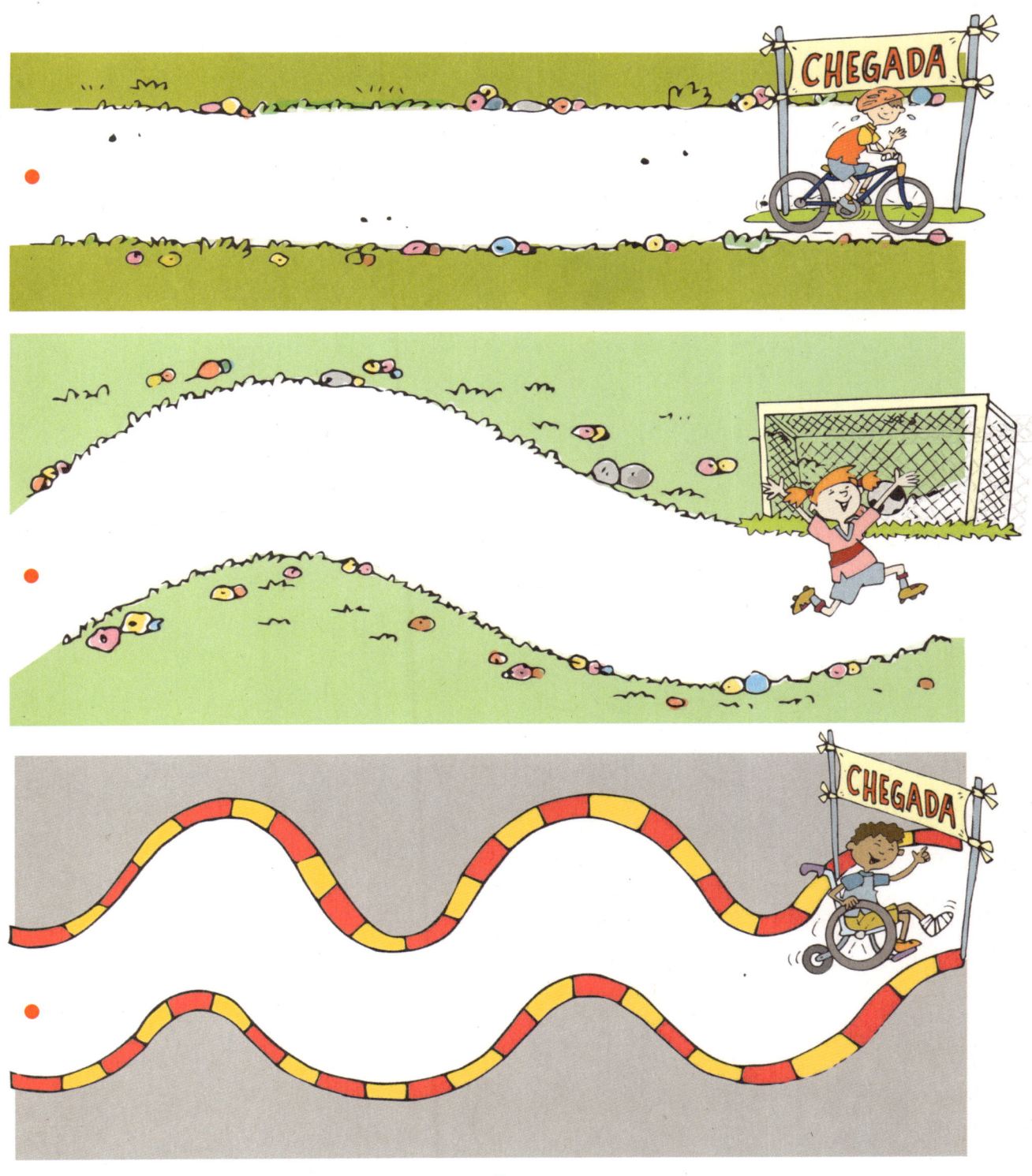

CORES

BALÕES COLORIDOS NO AR!

PINTE OS BALÕES COM AS CORES INDICADAS.

VERMELHO   **AMARELO**   **AZUL**   **VERDE**   **ROSA**

VERMELHO

ROSA

AMARELO

AZUL

VERDE

CORES

BRINCAR É SEMPRE DIVERTIDO!

PINTE OS DESENHOS COM AS CORES INDICADAS.

AMARELO

VERDE

MARROM

VERMELHO

LILÁS

AZUL

CORES

O QUE VAMOS PINTAR AGORA?

PINTE OS DESENHOS SEGUINDO
A SEQUÊNCIA DE CORES ABAIXO.

   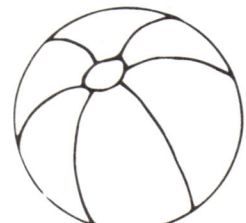

   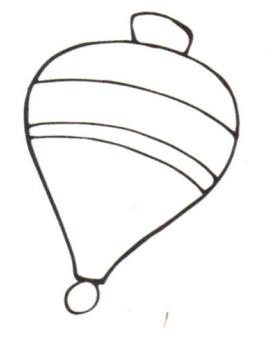

CORES E FORMAS GEOMÉTRICAS

PALHAÇO COLORIDO

O NARIZ DO PALHAÇO É UM CÍRCULO. PINTE O NARIZ DE **VERMELHO**.

CORES E FORMAS GEOMÉTRICAS

HOJE TEM ESPETÁCULO? TEM, SIM, SENHOR!

PINTE DE **VERDE** SOMENTE OS **CÍRCULOS**.

CORES E FORMAS GEOMÉTRICAS

BOLAS DE SABÃO! QUE DIVERSÃO!

LIGUE OS TRACINHOS DAS BOLAS DE SABÃO COM SUA COR FAVORITA.
TRACE MAIS **CÍRCULOS** E CRIE MAIS BOLAS DE SABÃO.

CORES E FORMAS GEOMÉTRICAS

BRINQUEDOS NA CAIXA

AS CRIANÇAS ESTÃO GUARDANDO OS BRINQUEDOS EM UMA CAIXA QUADRADA.
PINTE-A DE **AZUL**.

CORES E FORMAS GEOMÉTRICAS

COLORINDO

PINTE DE **VERDE** OS **QUADRADOS** QUE VOCÊ ENCONTRAR.

CORES E FORMAS GEOMÉTRICAS

OS PEIXES PRECISAM DE UM AQUÁRIO!

LIGUE OS TRACINHOS PARA FECHAR AS BORDAS DO AQUÁRIO.

CORES E FORMAS GEOMÉTRICAS

AGORA É COM VOCÊ!

LIGUE AS BOLAS QUE TEM CORES IGUAIS, FORME TRÊS **QUADRADOS** E PINTE-OS DA MESMA COR.

CORES E FORMAS GEOMÉTRICAS

OLHOS ATENTOS

O CHAPÉU DA ANIVERSARIANTE É UM **TRIÂNGULO**.
VAMOS PINTÁ-LO DE **VERMELHO**?

CORES E FORMAS GEOMÉTRICAS

OLHOS ATENTOS

FAÇA UM **X** NA CRIANÇA VESTIDA COM A CAMISETA
QUE TRAZ O DESENHO DE UM **TRIÂNGULO** LARANJA.

CORES E FORMAS GEOMÉTRICAS

LIGANDO OS PONTOS

LIGUE OS PONTOS PARA FAZER UM **TRIÂNGULO** E FORMAR
O TELHADO DA CASINHA DO CACHORRO.

CORES E FORMAS GEOMÉTRICAS

COLORINDO
PINTE DE **PRETO** OS **TRIÂNGULOS** QUE VOCÊ ENCONTRAR.

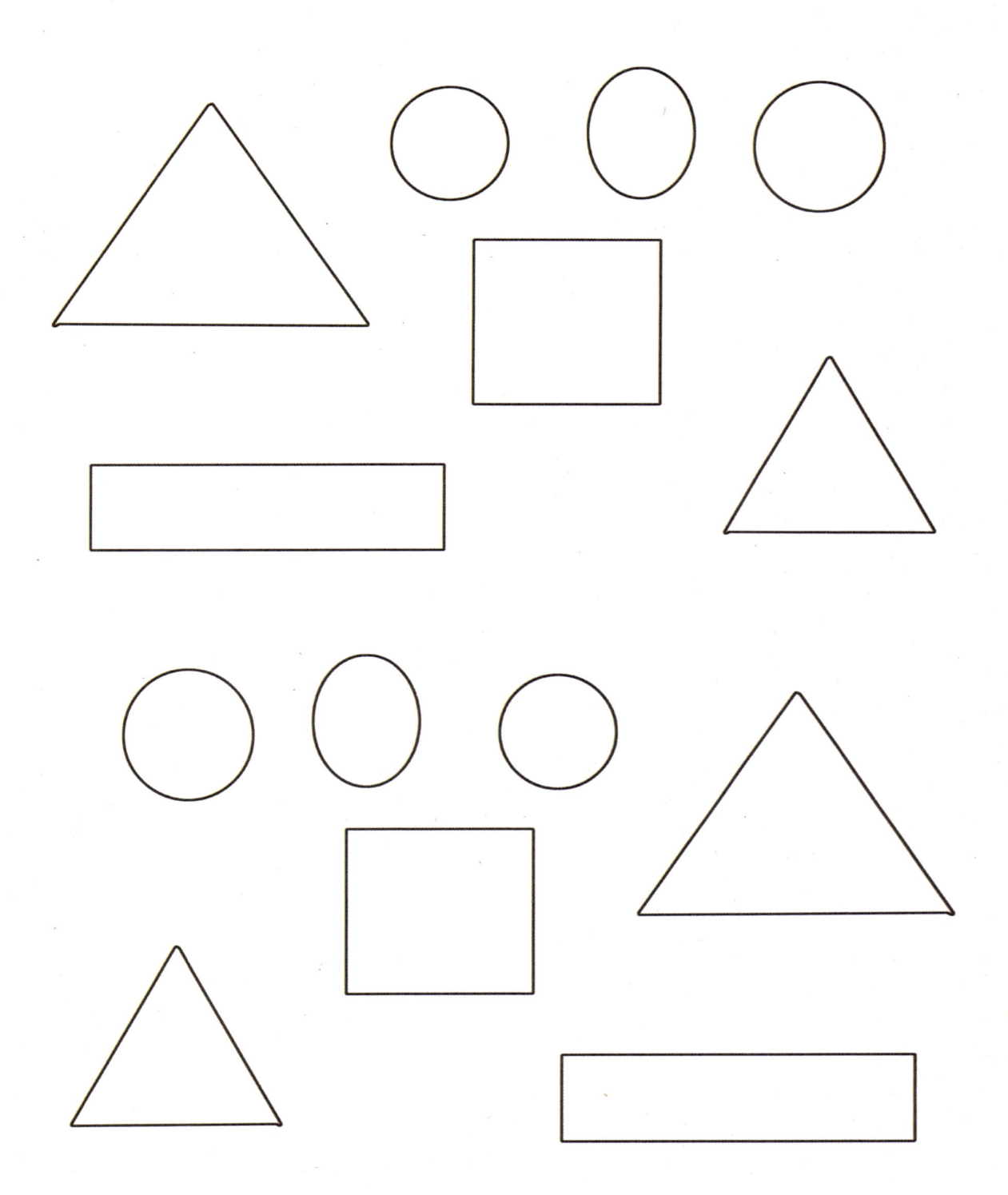

CORES E FORMAS GEOMÉTRICAS

BRINCANDO COM O CAMINHÃO!

A CARROCERIA DO CAMINHÃO É UM **RETÂNGULO**. VAMOS PINTÁ-LA DE **LARANJA**.

CORES E FORMAS GEOMÉTRICAS

GATINHOS FOFOS!

OS GATINHOS ESTÃO SOBRE AS FORMAS GEOMÉTRICAS.
CIRCULE OS QUE ESTÃO NOS **RETÂNGULOS**.

CORES E FORMAS GEOMÉTRICAS

LIGUE OS **RETÂNGULOS** IGUAIS.

CORES E FORMAS GEOMÉTRICAS

COLORINDO

PINTE DE **MARROM** OS **RETÂNGULOS** QUE VOCÊ ENCONTRAR.

CORES E FORMAS GEOMÉTRICAS

VAMOS PARA O ESPAÇO!

AS CRIANÇAS CONSTRUÍRAM UM FOGUETE PARA BRINCAR.
PINTE-O CONFORME AS CORES INDICADAS.

TRIÂNGULO   **QUADRADO**   **CÍRCULO**   **RETÂNGULO**

VAMOS ANDAR DE BICICLETA?

FAÇA O PERCURSO, COBRINDO OS TRACINHOS.

NÚMEROS

NO PARQUE

O GIRA-GIRA ESTÁ VAZIO. NENHUMA CRIANÇA ESTÁ BRINCANDO NELE.

0

CIRCULE AS CRIANÇAS NO PARQUE QUE ESTÃO COM AS MÃOS VAZIAS.

NÚMEROS

BRINCAR COM BALÕES É DIVERTIDO!

CIRCULE NO DESENHO:

1 MENINA, **1** PIPA E **1** CACHORRO.

EMPINE PIPA EM LUGAR SEGURO E BEM LONGE DOS FIOS!

NÚMEROS

2

CIRCULE NO DESENHO:

2 BORBOLETAS,
2 PÁSSAROS E
2 REGADORES.

VAMOS PRESERVAR A NATUREZA!

NÚMEROS

3

CIRCULE NO DESENHO:

3 BONECAS E **3** CARRINHOS.

CUIDE BEM DOS SEUS BRINQUEDOS!

NÚMEROS

QUANTAS CRIANÇAS VOCÊ VÊ EM CADA QUADRO?

CIRCULE O NÚMERO CORRESPONDENTE.

NÚMEROS

QUANTAS CRIANÇAS VOCÊ VÊ EM CADA QUADRO?

CIRCULE O NÚMERO CORRESPONDENTE.

NÚMEROS

VAMOS PRATICAR?

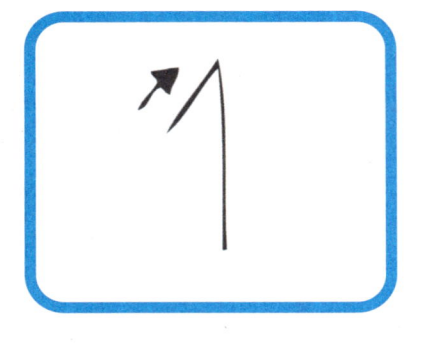 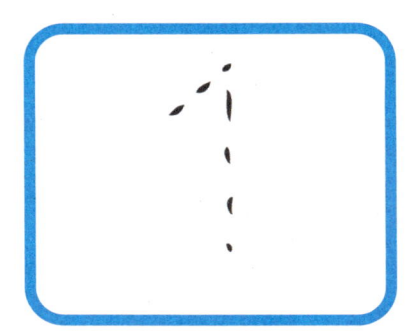 

 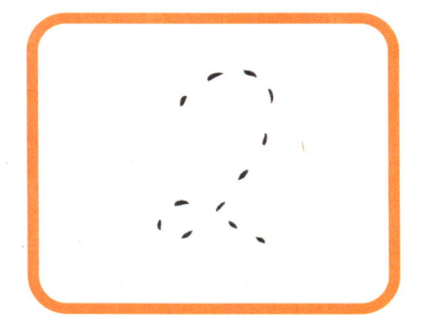 

 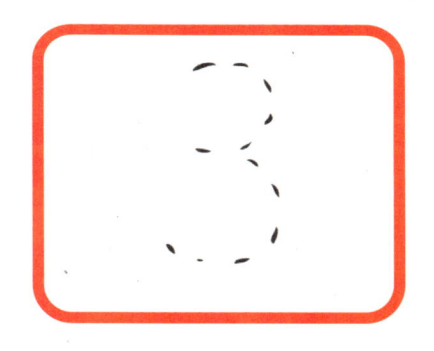 

CUBRA OS TRACINHOS COM CAPRICHO!

  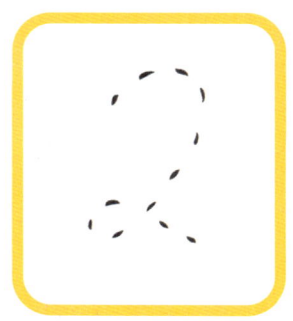 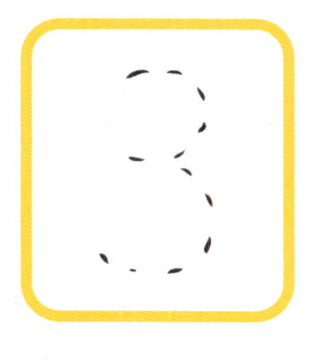 

PERCEPÇÃO VISUAL

OLHOS ATENTOS!

FAÇA UM **X** NA FIGURA DIFERENTE DAS OUTRAS.

NOÇÕES DE POSIÇÃO

TIBUM! QUE GOSTOSO É BRINCAR NA PISCINA DE BOLINHAS!

CIRCULE AS CRIANÇAS QUE ESTÃO **DENTRO** DA PISCINA.

NOÇÕES DE POSIÇÃO

GIRA, GIRA... GIROU!

FAÇA UM **X** NAS CRIANÇAS QUE ESTÃO **FORA** DO GIRA-GIRA:

NOÇÕES DE POSIÇÃO

HORA DO LANCHE NO PARQUE!

FAÇA UM **X** NOS ANIMAIS QUE ESTÃO **EMBAIXO** DOS BANCOS
E CIRCULE OS OBJETOS QUE ESTÃO **EM CIMA** DA MESA.

NOÇÕES DE POSIÇÃO

FAÇA UM **X** NA CRIANÇA QUE ESTÁ **AO LADO** DO VENDEDOR DE ALGODÃO-DOCE.

PINTE A CRIANÇA QUE ESTÁ **NA FRENTE** NESTA CORRIDA.

CIRCULE A CRIANÇA QUE ESTÁ **ATRÁS** DA ÁRVORE.

NOÇÕES DE DIREÇÃO E SENTIDO

PARA ONDE VÃO OS AVIÕES?

PINTE COM A COR INDICADA DE ACORDO COM A DIREÇÃO DE CADA AVIÃO.

NÚMEROS

4

CIRCULE NO DESENHO:

4 COPOS E
4 BEXIGAS.

REUNIR OS AMIGOS É DIVERTIDO!

NÚMEROS

5

CIRCULE NO DESENHO:

5 PATOS E
5 FLORES.

NÃO POLUA OS LAGOS E OS RIOS!

NÚMEROS

6

CIRCULE NO DESENHO:

6 PINTINHOS E **6** OVOS.

TRATE BEM
OS ANIMAIS!

NÚMEROS

QUEM GOSTA DE FRUTAS?

LIGUE AS FRUTAS AOS NÚMEROS CORRESPONDENTES.

NÚMEROS

VAMOS PRATICAR?

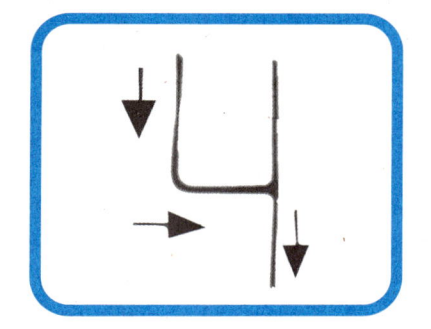 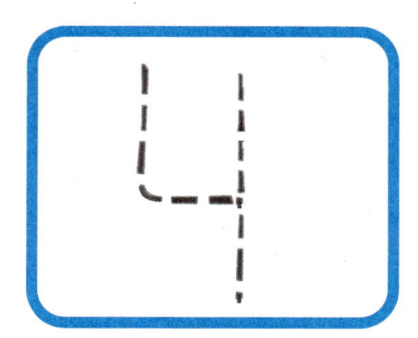 

 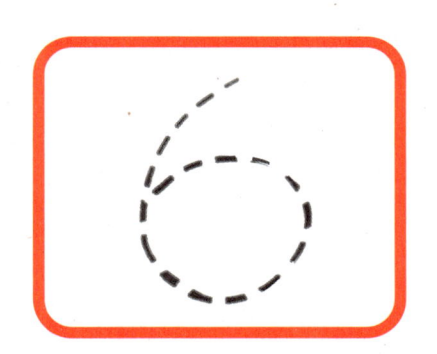 

CUBRA O TRACEJADO COM CAPRICHO!

NÚMEROS

LIGUE CADA CRIANÇA AO NÚMERO QUE REPRESENTA A IDADE DELA.

QUANTOS ANOS VOCÊ TEM? FAÇA UM CÍRCULO NO NÚMERO
QUE REPRESENTA A SUA IDADE:

1   2   3   4   5   6   7   8   9

PERCEPÇÃO VISUAL

DIA DE IR À PRAIA BRINCAR E SE DIVERTIR!

ENCONTRE NA CENA OS DESENHOS DO QUADRO E CIRCULE-OS.

QUANTOS DESENHOS VOCÊ CIRCULOU? FAÇA UM X NO NÚMERO CORRESPONDENTE.

1 2 3 4 5 6

NOÇÕES DE GRANDEZA E MEDIDAS

CIRCULE A CAIXA **MAIOR**.

PINTE O CACHORRO **MENOR**.

DESENHE UMA CRIANÇA **MAIOR** QUE ESTA.

NOÇÕES DE GRANDEZA E MEDIDAS

SOBE E DESCE NA GANGORRA!

CIRCULE AS CRIANÇAS QUE ESTÃO **NO ALTO** DA GANGORRA.

IUPIIII! COMO É BOM BALANÇAR...

PINTE A CRIANÇA QUE ESTÁ SE BALANÇANDO **BAIXO** NO BRINQUEDO.

NOÇÕES DE GRANDEZA E MEDIDAS

CIRCULE O ANIMAL MAIS **PESADO**.

CIRCULE O LÁPIS MAIS **FINO**.

NOÇÕES DE GRANDEZA E MEDIDAS

FAÇA UM **X** NA CRIANÇA
COM CABELO MAIS **COMPRIDO**.

CIRCULE A CAIXA QUE TEM **MUITOS** BRINQUEDOS.

NÚMEROS

7

CIRCULE NO DESENHO: **7** ESTRELAS.

COMO É BOM DESCANSAR!

NÚMEROS

8

CIRCULE NO DESENHO:

8 ABELHAS.

O MEL DA ABELHA É SABOROSO!

NÚMEROS

9

CIRCULE NO DESENHO:

9 FORMIGAS.

LANCHAR COM OS AMIGOS É DELICIOSO!

NÚMEROS

LIGUE CADA CRIANÇA AO NÚMERO CORRESPONDENTE
À QUANTIDADE DE BALÕES QUE SEGURA.

8   7   9

NÚMEROS

VAMOS PRATICAR?

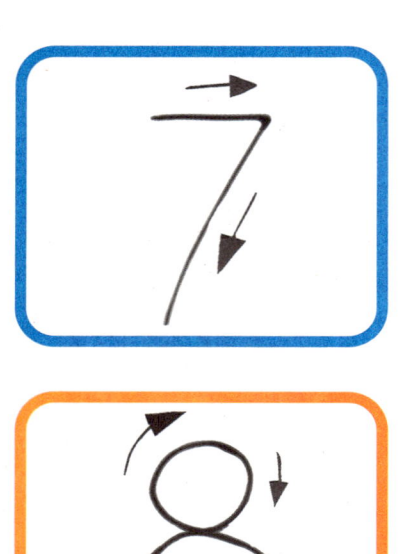 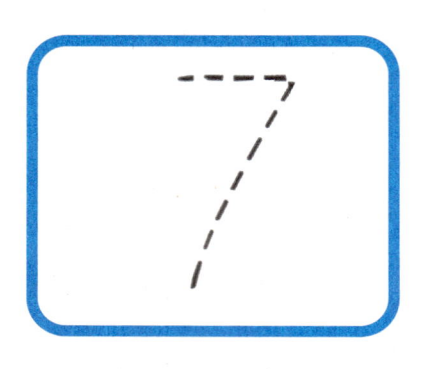 

 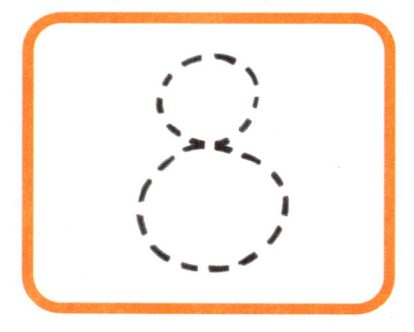 

 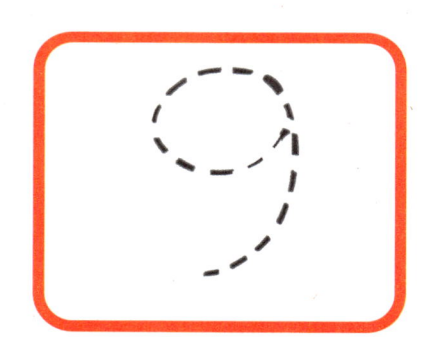 

CUBRA O TRACEJADO COM CAPRICHO!

AS CRIANÇAS ENCONTRARAM JOANINHAS NO JARDIM!

FAÇA PINTINHAS NO CORPINHO DAS JOANINHAS
PARA COMPLETAR A QUANTIDADE INDICADA.

NÚMEROS

QUEM GOSTA DE SORVETE?

CONTE OS SORVETES E LIGUE-OS AO CARRINHO CORRESPONDENTE!

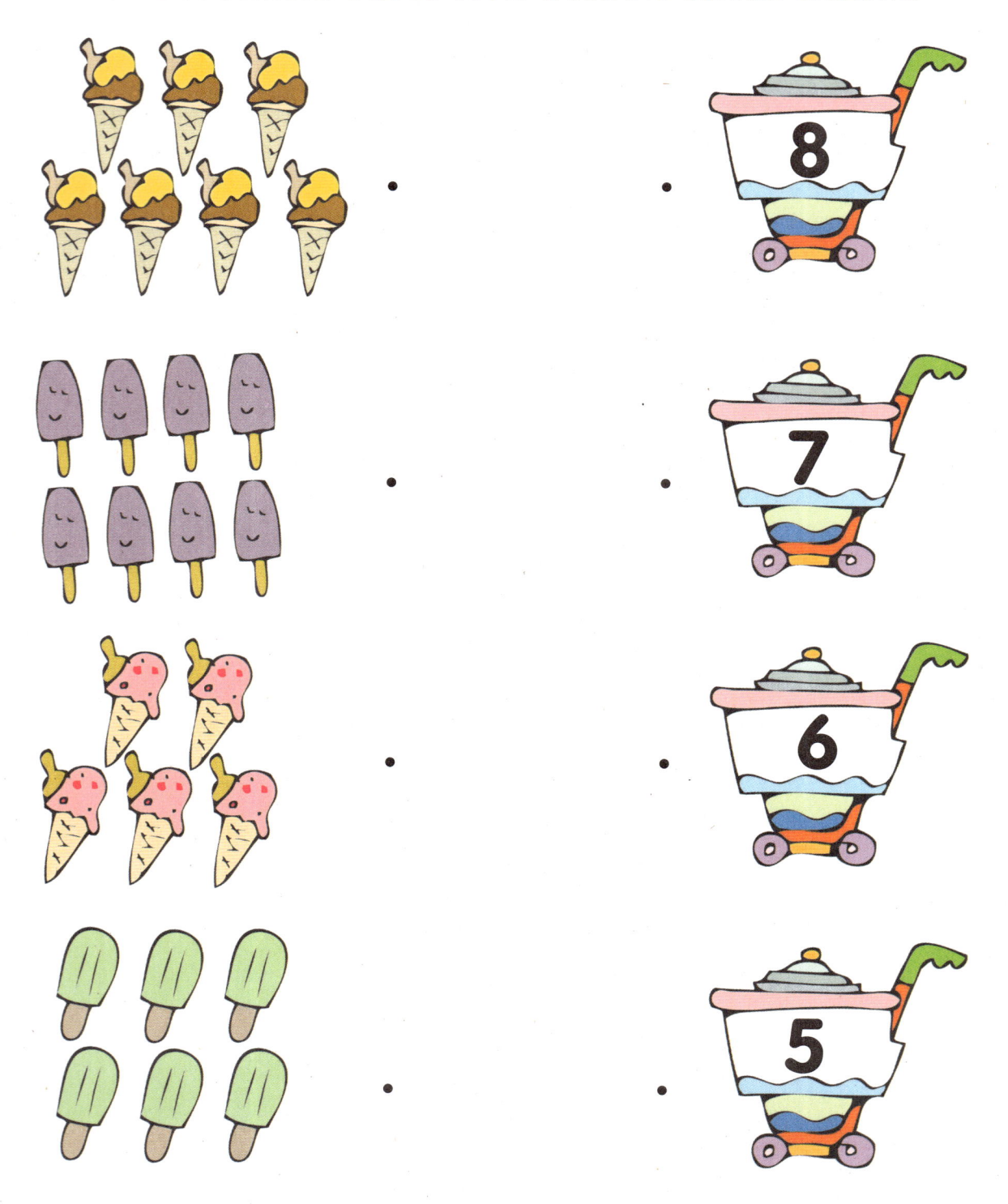

NÚMEROS

VAMOS CONTAR?

CIRCULE A QUANTIDADE CORRETA:

BONECA	CARRINHO	PIÃO
5 1 6	2 8 3	7 1 2

CHOCALHO	IOIÔ	ÔNIBUS
5 3 4	1 3 6	8 1 5

NÚMEROS

10

CIRCULE NO DESENHO:

10 PEIXES.

AGORA É SUA VEZ!

VOCÊ JÁ ESTÁ CRAQUE NOS NÚMEROS!

VAMOS PRATICAR OS NÚMEROS DE 1 A 10 E COMPLETE OS QUADROS.

1	2	3	4	5
6	7	8	9	10

		3		5
	7		9	

1				
		8		

CERTIFICADO

NOME

PARABÉNS POR CONCLUIR COM ÊXITO AS ATIVIDADES DE MATEMÁTICA TINDOLELÊ *BRINCAR E APRENDER*!